글 임선아
대학에서 국문학을 공부하고, 2005년 〈민지가 웃던 날〉로 조선일보 신춘문예 동화 부문에 당선되었습니다.
어린이들에게 재미있는 글을 쓰기 위해 노력하고 있으며 쓴 책으로는 〈난 늑대 싫어!〉, 〈빛으로 여는 세상〉 등이 있습니다.

그림 최양숙
성신여자대학교에서 동양화를 공부하고, 2006년 영국 킹스턴 대학 API 과정을 수료했습니다.
주로 화선지 위에 먹과 물감으로 그림을 그려 우리나라 전통 그림의 아름다움을 표현하고 있습니다.
그린 책으로는 〈내게 너무 일찍 온 사춘기〉, 〈공이 통통〉, 〈심심한 건 싫어〉, 〈금오신화〉, 〈신나는 풍물놀이〉 등이 있습니다.

감수 신항균
성균관대학교 대학원 수학과를 졸업했습니다.
공군사관학교와 우석대학교 교수를 역임했고,
미국 애리조나 주립대학교 수학과 교환교수로도 활동한 바 있습니다.
지금은 서울교육대학교 수학교육과 교수로 재직 중이며,
동 대학교 초등수학교육연구소장으로 있습니다.
또한 서울교육대학교 영재교육원 운영위원으로도 활동하고 있습니다.
초등학교와 중학교, 고등학교에 이르기까지 수학교과서 집필책임교수로 활동했고,
저서로는 〈수학사와 수학이야기〉, 〈클릭 수학나라〉, 〈영재들의 1등급 수학교실 시리즈〉가 있습니다.

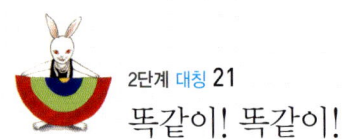

2단계 대칭 21
똑같이! 똑같이!

글 **임선아** 그림 **최양숙** 감수 **신항균**
펴낸곳 (주)아람키즈 | 펴낸이 이소영 | 주소 서울특별시 성동구 성수이로 147 아이에스비즈타워 2F
고객센터 1644-4521 | 팩스 02-468-5548 | 홈페이지 www.aramkids.co.kr | 출판등록 제2020-000011호
기획 편집 디자인 (주)아람키즈 하늘땅
ISBN 979-11-6543-562-2 979-11-6543-509-7(세트)

ⓒ (주)아람키즈
이 책은 저작권법에 따라 보호를 받는 저작물이므로 무단전재와 무단복제를 금합니다. 이 책 내용의 전부 또는 일부를 이용하려면 저작권자의 서면 동의를 받아야 합니다.

- 눈을 편안하게 해 주는 친환경 식물성 원료인 콩기름 잉크로 인쇄하였습니다.
- ⚠ 책 모서리가 날카로워 다칠 수 있으니 사람을 향해 던지거나 떨어뜨리지 마십시오.
- ⚠ 종이에 베이거나 긁힐 수 있으므로 주의해 주십시오.

똑같이! 똑같이!

글 임선아 · 그림 최양숙 · 감수 신항균

아람키즈

토끼 포리와 돼지 초초는
오랫동안 한집에서 살았어요.
그런데 둘은 자주 *말다툼을 하곤 했어요.
청소를 잘하는 포리는
늘 어지럽히는 초초가 못마땅했지요.
요리를 좋아하는 초초는
반찬 *투정 하는 포리가 못마땅했고요.

"이게 뭐야! 방이 또 *엉망진창이잖아.
아까 네가 한 요리도 이렇게 엉망진창이었어."
"잘 먹기만 하면서 무슨 그런 소리를 해!"
"쳇, 안 먹으면 될 거 아니야?"

"그럼 따로 살면 되겠네!"
"그래, 좋아."
화가 잔뜩 난 포리와 초초는 집 안의 물건을 딱 반씩 나누어 가지기로 했어요.

먼저 *발깔개를 나누기로 했어요.
"똑같이 반이지?"
초초가 발깔개에 선을 긋고 말했어요.
"아니잖아! 내가 할 테니 잘 봐."
포리는 발깔개에 다시 선을 그었어요.

"똑같이 반이 맞는지 어떻게 알아?"
초초가 옆에서 툴툴거렸어요.
**포리는 발깔개를 접어
똑같이 반으로 나누었다는 것을 보여 주었지요.**

이번에는 거실에 걸린 *액자를 나누기로 했어요.
"이쪽은 크고 저쪽은 작잖아."
포리가 다시 선을 그었어요.

하지만 액자에 있는 유리는 톱으로 자를 수가 없었지요.
포리와 초초는 액자 속의 그림을 반으로 나누었어요.
그런데 초초가 반으로 나눈 그림을 *만지작거렸어요.
"그림이 반으로 나누어지니 왠지 이상해……."
"흥! 나는 훨씬 좋은데, 뭘."
포리의 말은 사실일까요?

"참! 이불도 나눠야지."
포리의 말에 초초는 함께 만든 조각 이불을
*물끄러미 바라보았어요.
이불을 만들 때 즐거웠던 기억이 떠올랐거든요.
"이것은 나누지 말자."
하지만 포리는 *막무가내였어요.

초초는 삐뚤빼뚤 선을 그었어요.
"똑같이 반이지?"
"아니잖아! 내가 할 테니 잘 봐."
이번에도 포리가 다시 선을 그었어요.

"아니야, 아니야! 똑같지 않은 것 같아."
초초도 물러서지 않았어요.
**포리와 초초는 서로 질세라
이불을 잡아당겼어요.**

부지직!
조각 이불은 반으로 찢어지고 말았어요.
초초는 반 토막이 된 이불을 보고서 마음이 아팠어요.
포리도 풀썩 주저앉았지요.
"이불이 망가졌어. 이젠 아무짝에도 쓸모없다고.
이게 다 너 때문이야!"
초초가 말했어요.

화가 난 초초는 포리가 가장 좋아하는
망토를 냉큼 가져왔어요.
"이리 내놔! 초초 너는 제대로 나누지도 못하잖아."
당황한 포리는 초초에게서 망토를 빼앗으려 했어요.
"내가 왜 몰라. 반으로 접으면 똑같이 나눌 수 있는데!"
이번에는 초초도 지지 않았지요.

"그만해! 이러다 내 망토가 망가지겠어."
다급해진 포리는 망토를 잡고 놓지 않았어요.
"이게 왜 네 거야? 우리가 함께 산 건데."
초초도 소리를 질렀어요.
뿌지직! 그만 망토도 찢어지고 말았어요.
"으악!"
그제야 둘은 집 안을 둘러봤어요.
둘이 함께 쓰던 모든 물건들이 망가져 있었지요.

포리와 초초의 눈에서 눈물이 흐르기 시작했어요.
"우리가 지금 뭘 한 거야?"
"계속 반으로 나누어야 하는 거야?"

포리와 초초는 한동안 말이 없었어요.
그러다가 *동시에 말했지요.
"그냥 같이 살자!"

"초초야, 미안해. 네가 만든 음식 맛있게 먹을게."
"나도 너무 어지럽히지 않을게."
둘은 오랜만에 함께 집 안을 정리했어요.
망가진 물건들도 이어 붙였고요.
앞으로 둘은 사이좋게 지낼 수 있겠지요?
가끔은 다툴지 모르지만요.

 **엄마가 보기**

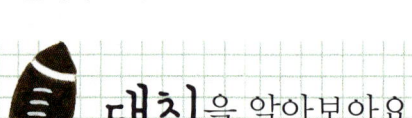 대칭을 알아보아요

대칭이란 **어떤 부분이 나머지 부분과 완벽하게 겹치는 것**을 말합니다. 대칭은 우리 주변에 있는 물건이나 건축물에서, 그리고 나비의 날개나 꽃과 같은 자연 속에서 흔히 찾아 볼 수 있습니다. 이렇게 대칭을 이루는 것들은 균형이 잡혀 있어 아름답게 보이면서 안정감도 느끼게 해 주지요.

대칭에는 반으로 나누었을 때 왼쪽과 오른쪽이 겹치는 것이 있는가 하면, 발깔개처럼 왼쪽과 오른쪽, 위와 아래가 완전히 겹치는 것도 있습니다. 아이에게 우리 주변을 관찰하여 대칭을 이루는 사물을 찾아 보도록 이끌어 주세요. 이러한 활동을 통해 아이는 수학의 원리가 주변의 사물에 숨어 있다는 사실을 깨닫게 될 것입니다.

 아이가 보기

똑같이 반으로 나누었어요

포리와 초초는 각자 따로 살겠다며 물건들을 똑같이 반으로 나누었어요.
어떻게 나누었는지 살펴볼까요?

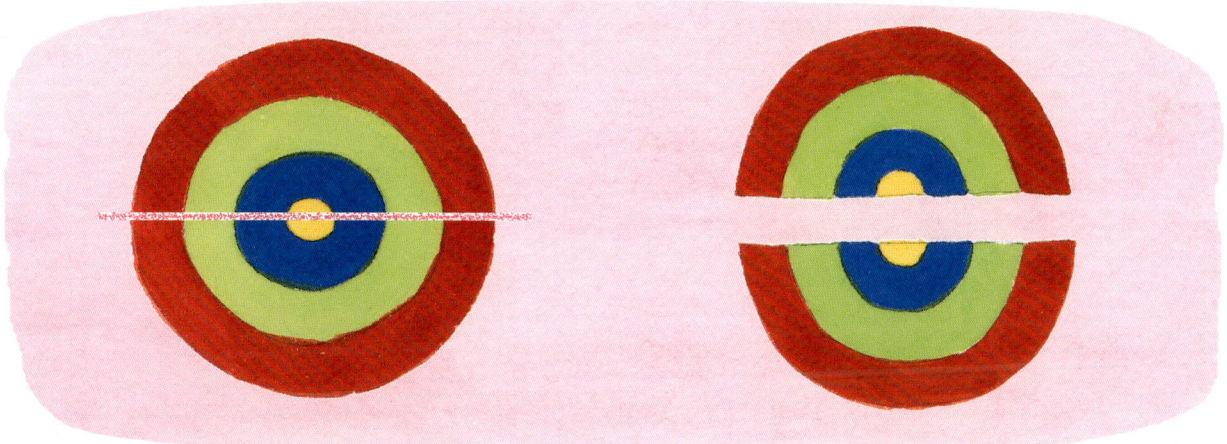

발깔개를 똑같이 반으로 나누었어요. 위아래가 같은 모양이에요.

망토를 똑같이 반으로 나누었어요. 왼쪽과 오른쪽이 같은 모양이에요.

 아이와 함께 하기

대칭이 되게 나누어 보아요

대칭인 사물은 반으로 나누었을 때 모양과 크기가 똑같아요.
거실에 있는 액자를 똑같이 반으로 나눈 그림에 ○ 해 보아요.

하트와 나비의 반쪽이 사라졌어요.
왼쪽과 오른쪽이 대칭이 되게 사라진 반쪽을 그리고 색칠해 보아요.